BOAS CONSTRICTORAS

BIBLIOTECA DE DESCUBRIMIENTOS DE CULEBRAS

Sherie Bargar   Linda Johnson

Versión en español de Argentina Palacios

Fotógrafo/Consultor: George Van Horn

The Rourke Corporation, Inc.
Vero Beach, Florida 32964

Library of Congress Cataloging in Publication Data
Bargar, Sherie, 1944-
  [Boa constrictors. Spanish]
  Boas constrictoras / Sherie Bargar, Linda Johnson; versión en
español de Argentina Palacios; fotógrafo/consultor, George Van
Horn.
      p. cm. — (Biblioteca de descubrimientos de culebras)
  Incluye índice.
  Resumen: Presenta los hábitats naturales, las características
físicas, el ciclo de vida y comportamiento de estas culebras no
venenosas.
  ISBN 0-86593-333-2
  1. Boidae—Literatura juvenil. 2. Boa constrictora—Literatura
juvenil. [1. Boa constrictora. 2. Culebras. 3. Materiales en español.]
I. Johnson, Linda, 1947-   II. Van Horn, George, ilust. III. Título.
IV. Serie: Bargar, Sherie, 1944-   Biblioteca de descubrimientos
de culebras. Español.
QL666.063B3718 1993
597.96—dc20   93-8391
                                                              CIP
                                                              AC

ÍNDICE DE MATERIAS

LAS BOAS CONSTRICTORAS

Todas las especies de boas pertenecen a la familia *Boidae* de culebras no venenosas. Sus largas y poderosas mandíbulas que agarran y sus dientes penetrantes junto con un cuerpo musculoso muy fuerte han hecho de esta gigante entre las culebras objeto de muchos **mitos.** A pesar de esos mitos extraordinarios, la boa constrictora es muy popular en la industria de mascotas.

Boa constrictora

DÓNDE SE ENCUENTRAN

La familia de las boas se encuentra en las sabanas y bosques tropicales desde México hasta Argentina. Cada especie de boa tiene necesidades especiales. La boa constrictora común es terrestre mientras que la anaconda pasa la mayor parte del tiempo en el agua. La boa arborícola esmeralda es del bosque tropical y se encuentra en el **dosel.**

Boa arco iris
Epicrates cenchris

ASPECTO FÍSICO

La boa constrictora común es de color pardo con listas de color chocolate oscuro que se convierten en marcas rojas en la cola blanca. Otras boas son rojas, verdes, color café o negras con diseños o listas. El largo y pesado cuerpo de la boa constrictora puede alcanzar hasta 15 pies.

Boa constrictora común

LOS SENTIDOS

La boa constrictora depende del sentido del olfato para localizar la **presa.** Saca y mete la lengua rápidamente y en ella lleva partículas del área circundante. El órgano de Jacobson en el cielo de la boca **analiza** las partículas para enterarse de lo que hay por ahí cerca. A corta distancia, la boa constrictora identifica el tamaño y la ubicación de la presa por medio de la vista. La boa constrictora no tiene fosas receptoras de calor, pero otras especies sí las tienen. La boa arborícola esmeralda las tiene muy desarrolladas.

Boa arborícola esmeralda
Corallus canina

LA CABEZA Y LA BOCA

Las boas constrictoras tienen la cabeza de forma triangular y las mandíbulas sumamente fuertes. No tienen colmillos sino dientes largos que emplean para **penetrar** a través de las plumas de las aves y la piel de los animales. El conducto respiratorio se extiende desde la garganta hasta el frente de la boca. Esto le permite a la culebra respirar cuando se está tragando la presa. Después de matar la presa, las mandíbulas se estiran como si fueran ligas de caucho para engullir los animales enteros.

LAS CRÍAS

Entre mediados y fines del verano, la boa constrictora madre tiene hasta 50 bebés. Estas crías tienen unos 2 pies de largo y pesan de 4 a 5 onzas. Al nacer, una cría de boa puede matar y comer ratones. En el transcurso de un año, puede alcanzar 8 pies de largo y 40 libras de peso.

Boa terrestre esmeralda joven

LA PRESA

Las boas comen presa grande, inclusive aves, lagartijas, pescados y cerdos silvestres. Atacan rápidamente a la presa en la cabeza y luego se enroscan alrededor de la presa. Cada vez que la presa exhala o espira, la rosca de la boa aprieta más el pecho de la víctima. Esto impide que la presa respire y entonces se **asfixia.** Este método de matar se conoce como constricción.

Boa constrictora común
Boa constrictor

DEFENSA

La boa constrictora adulta tiene pocos enemigos naturales por su gran tamaño. Cuando un enemigo se le acerca mucho, la boa depende principalmente del **camuflaje** para su defensa. Aunque ciertas boas son mansas cuando las capturan, otras sisean (silban) y muerden.

Boa arborícola de Cook
Boa cooki

LAS BOAS CONSTRICTORAS Y LOS SERES HUMANOS

Desde hace muchos años, las boas constrictoras se han hecho muy populares como mascotas. A menudo les va muy bien en cautiverio pero siempre se deben considerar como animales silvestres.

Glosario

analizar — Averiguar qué es algo.

asfixiar — Matar al impedir que un animal respire.

camuflaje — El color de la piel de un animal se confunde con el suelo de los alrededores

dosel — La capa superior de los árboles que cubre el bosque.

mito — Una idea que tiene su origen en cuentos exagerados y no en la relidad.

penetrar — Entrar.

presa — Un animal que caza o mata otro animal para comer.

ÍNDICE